SANTO ROSÁRIO

Conheça nossos clubes   Conheça nosso site

@ @editoraquadrante
♪ @editoraquadrante
▶ @quadranteeditora
f Quadrante

SANTO ROSÁRIO

Josemaria Escrivá

8ª edição

Tradução
Emérico da Gama

São Paulo, 2023

Título original
SANTO ROSARIO

Copyright © 2001 by Fundación Studium
Com aprovação eclesiástica

Capa
Gabriela Haeitmann

Dados Internacionais de Catalogação na Publicação (CIP)

Escrivá de Balaguer, Josemaria, 1902-1975
   Santo Rosário / Josemaria Escrivá; tradução de Emérico da Gama. - 8ª ed. - São Paulo : Quadrante, 2023

   Título original: Santo Rosário.
   ISBN: 978-85-7465-560-4

   1. Mistérios do Rosário 2. Rosário I. Título.

CDD 264.3

Índice para catálogo sistemático:
1. Rosário : Orações : Cristianismo 242.74
2. Santo Rosário : Orações : Cristianismo 242.74

Todos direitos reservados a
QUADRANTE EDITORA
Rua Bernardo da Veiga, 47 - Tel. (11) 3873-2270
CEP 01252-020 - São Paulo - SP
www.quadrante.com.br / atendimento@quadrante.com.br

O AUTOR

São Josemaria Escrivá nasceu em Barbastro (Espanha), no dia 9 de janeiro de 1902. Em 1918 começou os estudos eclesiásticos no Seminário de Logroño, prosseguindo-os depois no de São Francisco de Paula, em Saragoça. Entre 1923 e 1927 estudou também Direito Civil na Universidade de Saragoça. Recebeu a ordenação sacerdotal em 25 de março de 1925. Iniciou o seu ministério sacerdotal na paróquia de Perdiguera, continuando-o depois em Saragoça.

Na primavera de 1927 mudou-se para Madri, onde realizou um infatigável trabalho sacerdotal em todos os ambientes, dedicando também a sua atenção aos pobres e desvalidos dos bairros mais distantes, especialmente doentes incuráveis e moribundos dos hospitais. Aceitou o cargo de capelão do Patronato dos Enfermos, trabalho assistencial das Damas Apostólicas do Sagrado Coração, e foi professor em uma academia universitária, enquanto fazia o doutorado em Direito Civil.

No dia 2 de outubro de 1928, o Senhor fez-lhe ver o Opus Dei (Obra de Deus). Em 14 de fevereiro de 1930 compreendeu – por inspiração divina – que devia estender o apostolado do Opus Dei também às mulheres. Abria-se assim na Igreja um caminho novo, destinado a promover entre pessoas de todas as classes sociais a procura da santidade e o exercício do apostolado, mediante a santificação do trabalho de cada dia no meio do mundo. No dia 14 de fevereiro de 1943, fundou a Sociedade Sacerdotal da Santa Cruz, inseparavelmente unida ao Opus Dei. Além de permitir a ordenação sacerdotal de membros leigos do Opus Dei e a sua incardinação a serviço da Obra, a Sociedade Sacerdotal da Santa Cruz viria a permitir mais tarde que os sacerdotes incardinados nas dioceses pudessem participar do espírito e da ascética do Opus Dei, buscando a santidade no exercício dos seus deveres ministeriais, em dependência exclusiva do seu respectivo Bispo. O Opus Dei foi erigido em Prelazia pessoal por São João Paulo II no dia 28 de novembro de 1982: era a forma jurídica prevista e desejada por São Josemaria Escrivá.

Em 1946 Mons. Escrivá passou a residir em Roma, onde permaneceu até o fim da vida. Dali estimulou e orientou a difusão do Opus Dei por todo o mundo, dedicando-se a dar aos homens e mulheres da Obra e a muitas outras pessoas uma sólida formação doutrinal, ascética a apostólica. Por ocasião da sua morte, o Opus Dei contava mais de 60.000 membros de oitenta nacionalidades.

São Josemaria Escrivá faleceu em 26 de junho de 1975. Havia anos, oferecia a Deus a sua vida pela Igreja e pelo Papa. Seu corpo repousa no altar da igreja prelatícia de Santa Maria da Paz, na sede central da Prelazia do Opus Dei. A fama de santidade que o Fundador do Opus Dei já tinha em vida foi-se estendendo após a sua morte por todos os cantos do mundo, como mostram os abundantes testemunhos de favores espirituais e materiais que se atribuem à sua intercessão, entre eles algumas curas medicamente inexplicáveis. São João Paulo II canonizou Josemaria Escrivá no dia 6 de outubro de 2002.

Entre seus escritos publicados, contam-se, além do estudo teológico-jurídico *La Abadesa de Las Huelgas*, livros de espiritualidade traduzidos para numerosas línguas: *Caminho*, *Santo Rosário*, *É Cristo que passa*, *Amigos de Deus*, *Via sacra*, *Sulco*, *Forja* e *Em diálogo com o Senhor*. Sob o título *Entrevistas com Mons. Josemaria Escrivá* publicaram-se também algumas entrevistas que concedeu à imprensa. Uma ampla documentação sobre São Josemaria pode ser encontrada em www.escrivaworks.org.br, em www.opusdei.org e em www.josemariaescriva.info.

Como em outros tempos,
o Rosário há-de ser hoje
arma poderosa,
para vencer na nossa luta interior
e para ajudar todas as almas.

Exalta Santa Maria
com a tua língua:
o Senhor pede-te reparação
e louvores da tua boca.

Oxalá saibas e queiras semear
a paz e a alegria,
pelo mundo inteiro,
com esta admirável
devoção mariana
e com a tua caridade vigilante.

Roma, outubro de 1968

A recitação do Santo Rosário, com a consideração dos mistérios, a repetição do Pai-Nosso e da Ave-Maria, os louvores à Beatíssima Trindade e a constante invocação à Mãe de Deus, é um contínuo ato de fé, de esperança e de amor, de adoração e reparação.

Josemaria Escrivá de Balaguer
Roma, 9 de janeiro de 1973

Estas linhas não se escrevem para mulherzinhas. Escrevem-se para homens bem barbados e bem... homens, que alguma vez, sem dúvida, elevaram o seu coração a Deus, gritando-Lhe com o Salmista: *Notam fac mihi viam, in qua ambulem; quia ad te levavi animam meam.* – Dá-me a conhecer o caminho que devo seguir, pois a Ti elevei a minha alma (Ps CXLII, 8).

Hei de contar a esses homens um segredo que muito bem pode ser o começo desse caminho por onde Cristo quer que andem.

Meu amigo: se tens desejos de ser grande, faz-te pequeno.

Para ser pequeno, é preciso crer como creem as crianças, amar como amam as crianças, abandonar-se como se abandonam as crianças..., rezar como rezam as crianças.

E tudo isso junto é necessário para pôr em prática o que te vou descobrir nestas linhas:

O princípio do caminho, que tem por fim a completa loucura por Jesus, é um confiado amor a Maria Santíssima.

– Queres amar a Virgem? – Pois então conversa com Ela! – Como? – Rezando bem o Rosário de Nossa Senhora.

– Mas no Rosário... dizemos sempre o mesmo! – Sempre o mesmo? E não dizem sempre a mesma coisa os que se amam?... Se há monotonia no teu Rosário, não será porque, em vez de pronunciares palavras como homem, emites sons como animal, enquanto o teu pensamento anda muito longe de Deus? – Além disso, repara: antes de cada dezena, indica-se o mistério que se vai contemplar. Tu... já alguma vez contemplaste estes mistérios?

Faz-te pequeno. Vem comigo e – este é o nervo da minha confidência – viveremos a vida de Jesus, Maria e José.

Todos os dias Lhes havemos de prestar um novo serviço. Ouviremos as suas conversas de família. Veremos crescer o Messias. Admiraremos os seus trinta anos de obscuridade... Assistiremos à sua Paixão e Morte... Pasmaremos ante a glória da sua Ressurreição... Numa palavra: contemplaremos, loucos de Amor – não há outro amor além do Amor –, todos e cada um dos instántes de Cristo Jesus.

NOTA À 5ª EDIÇÃO ESPANHOLA

Leitor amigo: escrevi o *Santo Rosário* para que tu e eu saibamos recolher-nos em oração, à hora de rezar a Nossa Senhora.

Que esse recolhimento não se perturbe pelo ruído de palavras quando meditares as considerações que te proponho: não as leias em voz alta, porque perderiam a sua intimidade.

Pronuncia, pelo contrário, claramente e sem pressas o Pai-Nosso e as Ave-Marias de cada dezena. Assim tirarás cada vez mais proveito desta prática de amor a Santa Maria.

E não te esqueças de rezar por mim.

O Autor

Roma, na festa da Purificação,
2 de fevereiro de 1952.

NOTA À 12ª EDIÇÃO ESPANHOLA

A minha experiência de sacerdote me diz que cada alma tem o seu próprio caminho.

No entanto, querido leitor, vou-te dar um conselho prático que não dificultará em ti a ação do Espírito Santo, se o seguires com prudência: demora-te por uns segundos – três ou quatro – num silêncio de meditação, considerando o respectivo mistério do Rosário, antes de recitares o Pai-Nosso e as Ave-Marias de cada dezena. Tenho a certeza de que esta prática aumentará o teu recolhimento e o fruto da tua oração.

E não te esqueças de rezar por mim.

O Autor

Roma, na festa da Natividade de Nossa Senhora,
8 de setembro de 1971.

Mistérios
Gozosos

ª Anunciação

Não te esqueças, meu amigo, de que somos crianças. A Senhora do doce nome, Maria, está recolhida em oração.

Tu és, naquela casa, o que quiseres ser: um amigo, um criado, um curioso, um vizinho... – Eu por agora não me atrevo a ser nada. Escondo-me atrás de ti e, pasmado, contemplo a cena.

O Arcanjo comunica a sua mensagem... – *Quomodo fiet istud, quoniam virum non cognosco?* – Como se fará isso, se não conheço varão? (Lc I, 34).

A voz da nossa Mãe traz à minha memória, por contraste, todas as impurezas dos homens..., as minhas também.

E como odeio então essas baixas misérias da terra!... Que propósitos!

Fiat mihi secundum verbum tuum. – Faça-se em mim segundo a tua palavra (Lc I, 38). Ao encanto destas palavras virginais, o Verbo se fez carne.

Vai terminar a primeira dezena... Ainda tenho tempo de dizer ao meu Deus, antes que nenhum mortal: Jesus, eu Te amo.

Visitação de Nossa Senhora

Agora, meu pequeno amigo, espero que já saibas mexer-te. – Acompanha alegremente José e Santa Maria... e escutarás tradições da Casa de Davi.

Ouvirás falar de Isabel e de Zacarias, enternecer-te-ás com o amor puríssimo de José, e baterá fortemente o teu coração cada vez que pronunciarem o nome do Menino que nascerá em Belém...

Caminhamos apressadamente em direção às montanhas, até uma aldeia da tribo de Judá (Lc I, 39).

Chegamos. – É a casa onde vai nascer João Batista. – Isabel aclama, agradecida, a Mãe do seu Redentor: Bendita és tu entre as mulheres e bendito é o fruto do teu ventre! A que devo tamanho bem, que venha visitar-me a Mãe do meu Senhor? (Lc I, 42 e 43).

O Batista, ainda por nascer, estremece... (Lc I, 41). – A humildade de Maria derrama-se no *Magnificat*... – E tu e eu, que somos – que éramos – uns soberbos, prometemos ser humildes.

Nascimento de JESUS

Foi promulgado um edito de César Augusto, que manda recensear toda a gente. Para isso, cada qual tem de ir à terra dos seus antepassados. – Como José é da casa e da família de Davi, vai, com a Virgem Maria, de Nazaré à cidade chamada Belém, na Judeia (Lc II, 1-5).

E em Belém nasce o nosso Deus: Jesus Cristo! – Não há lugar na pousada: num estábulo. – E sua Mãe envolve-O em panos e reclina-O no presépio (Lc II, 7).

Frio. – Pobreza. – Sou um escravozinho de José. – Que bom é José! – Trata-me como um pai a seu filho. – Até me perdoa, se tomo o Menino em meus braços e fico, horas e horas, dizendo-Lhe coisas doces e ardentes!...

E beijo-O – beija-O tu –, e O embalo, e canto para Ele, e Lhe chamo Rei, Amor, meu Deus, meu Único, meu Tudo!... Que lindo é o Menino... e que curta a dezena!

Purificação
de Nossa Senhora

Completado o tempo da purificação da Mãe, segundo a Lei de Moisés, é preciso ir com o Menino a Jerúsalém para apresentá-Lo ao Senhor (Lc II, 22).

E desta vez serás tu, meu amigo, quem leve a gaiola das rolas. – Estás vendo? Ela – a Imaculada! – submete-se à Lei como se estivesse imunda.

Aprenderás com este exemplo, menino bobo, a cumprir a Santa Lei de Deus, apesar de todos os sacrifícios pessoais?

Purificação! Tu e eu, sim, é que precisamos de purificação! Expiação, e, acima da expiação, o Amor. – Um amor que seja cautério, que abrase a imundície da nossa alma, e fogo que incendeie com chamas divinas a miséria do nosso coração.

Um homem justo e temente a Deus, que, conduzido pelo Espírito Santo, viera ao Templo – tinha-lhe sido revelado que não morreria antes de ver o Cristo –, toma o Messias em seus braços e diz-Lhe: – Agora, Senhor, agora já podes levar em paz deste mundo o teu servo, conforme a tua promessa..., porque meus olhos viram o Salvador (Lc II, 25-30).

O Menino Perdido

Onde está Jesus? – Senhora: o Menino!... Onde está?

Maria chora. – Bem que corremos tu e eu, de grupo em grupo, de caravana em caravana: não O viram. – José, depois de fazer esforços inúteis para não chorar, chora também... E tu... E eu.

Eu, como sou um criadinho tosco, choro sem parar e clamo ao céu e à terra..., pelas vezes em que O perdi por minha culpa e não clamei.

Jesus! Que eu nunca mais Te perca... E então a desgraça e a dor nos unem, como nos uniu o pecado, e saem de todo o nosso ser gemidos de profunda contrição e frases ardentes, que a pena não pode, não deve registrar.

E ao nos consolarmos com a alegria de encontrar Jesus – três dias de ausência! – disputando com os Mestres de Israel (Lc II, 46), ficará bem gravada na tua alma e na minha a obrigação de deixarmos os da nossa casa para servir o Pai Celestial.

Mistérios
Dolorosos

Oração no Horto

Orai, para não entrardes em tentação. – E Pedro adormeceu. – E os demais Apóstolos. – E adormeceste tu, meu pequeno amigo..., e eu fui também outro Pedro dorminhoco.

Jesus, só e triste, sofria e empapava a terra com o seu sangue.

De joelhos sobre a terra dura, persevera em oração... Chora por ti... e por mim: esmaga-O o peso dos pecados dos homens.

Pater, si vis, transfer calicem istum a me. – Pai, se quiseres, faz com que se afaste de Mim este cálice... Não se faça, porém, a minha vontade, *sed tua fiat*, mas a tua (Lc XXII, 42).

Um Anjo do céu O conforta. – Jesus está em agonia. – Continua *prolixius*, orando mais intensamente... Aproxima-se de nós, que dormimos: – Levantai-vos, orai – repete-nos –, para não cairdes em tentação (Lc XXII, 46).

Judas, o traidor: um beijo. – A espada de Pedro brilha na noite. – Jesus fala: – Vindes buscar-Me como um ladrão? (Mc XIV, 48).

Somos covardes: seguimo-Lo de longe. Mas acordados e orando. – Oração... Oração...

Flagelação
do Senhor

Fala Pilatos: – Tendes o costume de que vos solte alguém pela Páscoa. Quem havemos de pôr em liberdade? Barrabás – ladrão, preso com outros por homicídio – ou Jesus? (Mt XXVII, 17). – Manda matar este e solta Barrabás, clama o povo incitado pelos seus príncipes (Lc XXIII, 18).

Pilatos fala de novo: – Então que farei de Jesus, que se chama o Cristo? (Mt XXVII, 22). – *Crucifige eum!* – Crucifica-O! (Mc XV, 14).

Diz-lhes Pilatos, pela terceira vez: – Mas que mal fez Ele? Não encontro nEle causa alguma de morte (Lc XXIII, 22).

Aumentava o clamor da multidão: – Crucifica-O, crucifica-O! (Mc XV, 14).

E Pilatos, desejando contentar o povo, solta-lhes Barrabás e manda açoitar Jesus.

Atado à coluna. Cheio de chagas.

Ouvem-se os golpes dos azorragues na sua carne rasgada, na sua carne sem mancha, que padece pela tua carne pecadora. – Mais golpes. Mais sanha. Mais ainda... É o cúmulo da crueldade humana.

Por fim, rendidos, desprendem Jesus. E o corpo de Cristo rende-se também à dor e cai, como um verme, truncado e meio morto.

Tu e eu não podemos falar. – Não são precisas palavras. Olha para Ele, olha para Ele... devagar.

Depois... serás capaz de ter medo à expiação?

Coroação
de Espinhos

Vai ficando satisfeita a ânsia de sofrer do nosso Rei!

– Levam o meu Senhor ao pátio do pretório, e ali convocam toda a coorte (Mc XV, 16). – A soldadesca brutal desnudou a sua carne puríssima. – Com um farrapo de púrpura, velho e sujo, cobrem Jesus. – Por cetro, uma cana na mão direita...

A coroa de espinhos, cravada a marteladas, faz dEle um Rei de comédia... *Ave Rex iudaeorum!* – Salve, Rei dos judeus (Mc XV, 18). E, à força de pancadas, ferem-Lhe a cabeça. E esbofeteiam--nO... e cospem nEle.

Coroado de espinhos e vestido com andrajos de púrpura, Jesus é mostrado ao povo judeu: *Ecce homo!* Aí tendes o homem. E de novo os pontífices e seus ministros rompem aos gritos, clamando: – Crucifica-O!, crucifica-O! (Ioh XIX, 5 e 6).

– Tu e eu não teremos voltado a coroá-Lo de espinhos, a esbofeteá-Lo e a cuspir-Lhe?

Nunca mais, Jesus, nunca mais... E um propósito firme e concreto põe fim a estas dez Ave-Marias.

a Cruz às Costas

Com a sua Cruz às costas, caminha para o Calvário, lugar que em hebraico é chamado Gólgota (Ioh XIX, 17). E lançam mão de um tal Simão, natural de Cirene, que volta de uma granja, e o carregam com a Cruz, para que a leve atrás de Jesus (Lc XXIII, 26).

Cumpriu-se o que Isaías tinha dito (LIII, 12): *cum sceleratis reputatus est*, foi contado entre os malfeitores – porque levaram, para fazê-lo morrer com Ele, outros dois homens, que eram ladrões (Lc XXIII, 32).

Se alguém quiser vir após Mim... Menino amigo: estamos tristes, vivendo a Paixão de Jesus, Nosso Senhor. – Olha com que amor se abraça à Cruz. – Aprende com Ele. – Jesus leva a Cruz por ti; tu... leva-a por Jesus.

Mas não leves a Cruz de rastos... Leva-a erguida a prumo, porque a tua Cruz, levada assim, não será uma Cruz qualquer: será... a Santa Cruz. Não te resignes com a Cruz. Resignação é palavra pouco generosa. Quer a Cruz. Quando de verdade a quiseres, a tua Cruz será... uma Cruz sem Cruz.

E, com toda a certeza, tal como Ele, encontrarás Maria no caminho.

Morte de JESUS

Jesus Nazareno, Rei dos judeus, já tem preparado o trono triunfador. Tu e eu não O vemos contorcer-se, ao ser pregado; sofrendo tudo quanto se pode sofrer, estende os braços com gesto de Sacerdote Eterno.

Os soldados tomam as santas vestes e fazem quatro partes. – Para não dividirem a túnica, sorteiam-na para ver a quem tocará. – E assim, uma vez mais, se cumpre a Escritura que diz: Repartiram entre si as minhas vestes e sobre elas lançaram sortes (Ioh XIX, 23 e 24).

Já está no alto... – E, junto de seu Filho, ao pé da Cruz, Santa Maria... e Maria, mulher de Cléofas, e Maria Madalena. E João, o discípulo que Ele amava. *Ecce mater tua!* – Aí tens a tua Mãe! Dá-nos a sua Mãe por Mãe nossa.

Tinham-Lhe oferecido antes vinho misturado com fel, mas, tendo-o provado, não o bebeu (Mt XXVII, 34).

Agora tem sede... de amor, de almas.

Consummatum est. – Tudo está consumado (Ioh XIX, 30).

Menino bobo, olha: tudo isto..., tudo, sofreu por ti... e por mim. – Não choras?

Mistérios
Gloriosos

Ressurreição
do Senhor

Ao cair da tarde de Sábado, Maria Madalena, e Maria, mãe de Tiago, e Salomé compraram perfumes para irem embalsamar o corpo morto de Jesus. – No outro dia, de manhã cedo, chegam ao sepulcro, nascido já o sol (Mc XVI, 1 e 2). E entrando, ficam consternadas, porque não encontram o corpo do Senhor. – Um jovem, coberto de vestes brancas, diz-lhes: – Não temais; sei que procurais Jesus Nazareno. *Non est hic, surrexit enim sicut dixit* – não está aqui porque ressuscitou, como tinha anunciado (Mt XXVIII, 5).

Ressuscitou! – Jesus ressuscitou. Não está no sepulcro. A Vida pôde mais do que a morte.

Apareceu a sua Mãe Santíssima. – Apareceu a Maria de Magdala, que está louca de amor. – E a Pedro e aos demais Apóstolos. – E a ti e a mim, que somos seus discípulos e mais loucos que Madalena. Que coisas Lhe dissemos!

Que nunca morramos pelo pecado; que seja eterna a nossa ressurreição espiritual. – E, antes de terminar a dezena, beijaste as chagas dos seus pés..., e eu, mais atrevido – por ser mais criança –, pus os meus lábios no seu lado aberto.

Ascensão do Senhor

-69-

O Mestre ensina agora os seus discípulos: abriu-lhes a inteligência, para que compreendam as Escrituras, e toma-os por testemunhas da sua vida e dos seus milagres, da sua paixão e morte, e da glória da sua ressurreição (Lc XXIV, 45 e 48).

Depois, leva-os a caminho de Betânia, ergue as mãos e abençoa-os. – E, entretanto, vai-se afastando deles e eleva-se no céu (Lc XXIV, 50), até que uma nuvem O ocultou (Act I, 9).

Jesus foi para o Pai. – Dois Anjos de brancas vestes se aproximam de nós e nos dizem: – Homens da Galileia, que fazeis olhando para o céu? (Act I, 11).

Pedro e os restantes voltam para Jerusalém – *cum gaudio magno* – com grande alegria (Lc XXIV, 52). – É justo que a Santa Humanidade de Cristo receba a homenagem, a aclamação e a adoração de todas as hierarquias dos Anjos e de todas as legiões dos bem-aventurados da Glória.

Mas tu e eu nos sentimos órfãos; estamos tristes, e vamos consolar-nos com Maria.

Pentecostes

O Senhor tinha dito: – Eu rogarei ao Pai, e Ele vos dará outro Paráclito, outro Consolador, para que permaneça convosco eternamente (Ioh XIV, 16).

Reunidos os discípulos todos juntos num mesmo lugar, de repente sobreveio do céu um ruído como que de vento impetuoso, que invadiu toda a casa onde se encontravam. – Ao mesmo tempo, umas línguas de fogo se repartiram e pousaram sobre cada um deles (Act II, 1-3).

Cheios do Espírito Santo, os Apóstolos estavam como bêbados (Act II, 13).

E Pedro, rodeado pelos outros onze, levantou a voz e falou. – Ouvimo-lo pessoas de cem países. – Cada um o escuta na sua língua. – Tu e eu na nossa. – Fala-nos de Cristo Jesus e do Espírito Santo e do Pai.

Não o apedrejam nem o metem na cadeia; convertem-se e são batizados três mil dos que o ouviram.

Tu e eu, depois de ajudarmos os Apóstolos a administrar os batismos, louvamos a Deus Pai, por seu Filho Jesus, e nos sentimos também ébrios do Espírito Santo.

Assunção
de Nossa Senhora

Assumpta est Maria in coelum: gaudent angeli! – Maria foi levada por Deus, em corpo e alma, para o céu. E os Anjos se alegram!

Assim canta a Igreja. – E assim, com esse clamor de regozijo, começamos nós a contemplação nesta dezena do Santo Rosário.

Adormeceu a Mãe de Deus. – Em volta do seu leito encontram-se os doze Apóstolos. – Matias substituiu Judas.

E nós, por graça que todos respeitam, estamos a seu lado também.

Mas Jesus quer ter a sua Mãe, em corpo e alma, na Glória. – E a Corte celestial mobiliza todo o seu esplendor para homenagear a Senhora. – Tu e eu – crianças, afinal – pegamos a cauda do esplêndido manto azul da Virgem, e assim podemos contemplar aquela maravilha.

A Trindade Beatíssima recebe e cumula de honras a Filha, Mãe e Esposa de Deus... – E é tanta a majestade da Senhora, que os Anjos perguntam: – Quem é esta?

Coroação
de Nossa Senhora

És toda formosa, e não há mancha em ti. – És horto cerrado, minha irmã, Esposa, horto cerrado, fonte selada. – *Veni coronaberis*. – Vem, serás coroada (Cant IV, 7, 12 e 8).

Se tu e eu tivéssemos tido poder, tê-la-íamos feito também Rainha e Senhora de toda a criação.

Um grande sinal apareceu no céu: uma mulher com uma coroa de doze estrelas sobre a cabeça. – O vestido, de sol. – A lua a seus pés (Apoc XII, 1). Maria, Virgem sem mancha, reparou a queda de Eva; e esmagou com seu pé imaculado a cabeça do dragão infernal. Filha de Deus, Mãe de Deus, Esposa de Deus.

O Pai, o Filho e o Espírito Santo coroam-na como Imperatriz que é do Universo.

E rendem-lhe preito de vassalagem os Anjos..., e os patriarcas e os profetas e os Apóstolos..., e os mártires e os confessores e as virgens e todos os santos..., e todos os pecadores, e tu e eu.

Ladainha

Irrompe agora a ladainha lauretana, sempre com esplendor de luz nova e cor e sentido diferentes.

Clamores ao Senhor, a Cristo; súplicas a cada uma das Pessoas divinas e à Santíssima Trindade; galanteios inflamados a Santa Maria: Mãe de Cristo, Mãe Imaculada, Mãe do Bom Conselho, Mãe do Criador, Mãe do Salvador..., Virgem prudentíssima..., Sede da Sabedoria, Rosa mística, Torre de Davi, Arca da Aliança, Estrela da manhã..., Refúgio dos pecadores, Consoladora dos aflitos, Auxílio dos cristãos...

E o reconhecimento do seu reinado: *Regina!* – Rainha! –, e o da sua mediação: *Sub tuum praesidium confugimus*, à vossa proteção nos acolhemos, Santa Mãe de Deus..., livrai-nos de todos os perigos, Virgem gloriosa e bendita.

Rogai por nós, Rainha do Santíssimo Rosário, para que sejamos dignos de alcançar as promessas de Nosso Senhor Jesus Cristo.

℣. *Kýrie, eléison.* ℟. *id.*

℣. *Christe, eléison.* ℟. *id.*

℣. *Kýrie, eléison.* ℟. *id.*

℣. *Christe, áudi nos.* ℟. *id.*

℣. *Christe, exáudi nos.* ℟. *id.*

℣. *Pater de caelis, Deus,* ℟. *miserére nobis.*

℣. *Fili, Redémptor mundi, Deus,*

℣. *Spíritus Sancte, Deus,*

℣. *Sancta Trínitas, unus Deus,*

℣. *Sancta Maria,* ℟. *ora pro nobis.*

Sancta Dei Génitrix,

Sancta Virgo Vírginum,

Mater Christi,

Mater Ecclésiae,

Mater misericórdiae,

Mater divínae grátiae,

Mater spei,

Mater puríssima,

Mater castíssima,

Mater invioláta,

Mater intemeráta,

Mater amábilis,

Mater admirábilis,

℣. Senhor, tende piedade de nós. ℟. id.

℣. Jesus Cristo, tende piedade de nós. ℟. id.

℣. Senhor, tende piedade de nós. ℟. id.

℣. Jesus Cristo, ouvi-nos. ℟. id.

℣. Jesus Cristo, atendei-nos. ℟. id.

℣. Deus Pai dos Céus, ℟. tende piedade de nós.

℣. Deus Filho, Redentor do mundo,

℣. Deus Espírito Santo,

℣. Santíssima Trindade, que sois um só Deus,

℣. Santa Maria, ℟. rogai por nós.

Santa Mãe de Deus,

Santa Virgem das virgens,

Mãe de Jesus Cristo,

Mãe da Igreja,

Mãe de misericórdia,

Mãe da divina graça,

Mãe da esperança,

Mãe puríssima,

Mãe castíssima,

Mãe imaculada,

Mãe intacta,

Mãe amável,

Mãe admirável,

℣. *Mater boni consílii,* ℟. *ora pro nobis.*
Mater Creatóris,
Mater Salvatóris,
Virgo prudentíssima,
Virgo veneránda,
Virgo praedicánda,
Virgo pótens,
Virgo clémens,
Virgo fidélis,
Spéculum iustítiae,
Sedes sapiéntiae,
Causa nostrae laetítiae,
Vas spirituále,
Vas honorábile,
Vas insígne devotiónis,
Rosa mýstica,
Turris davídica,
Turris ebúrnea,
Domus áurea,
Fóederis arca,
Iánua Caeli,
Stella matutina,
Salus infirmórum,
Refúgium peccatórum,
Solacium migrantium,

℣. Mãe do bom conselho, ℟. rogai por nós.

Mãe do Criador,

Mãe do Salvador,

Virgem prudentíssima,

Virgem veneranda,

Virgem digna de louvor,

Virgem poderosa,

Virgem clemente,

Virgem fiel,

Espelho da justiça,

Sede da Sabedoria,

Causa da nossa alegria,

Vaso espiritual,

Vaso honorável,

Vaso insigne de devoção,

Rosa mística,

Torre de Davi,

Torre de marfim,

Casa de ouro,

Arca da aliança,

Porta do céu,

Estrela da manhã,

Saúde dos enfermos,

Refúgio dos pecadores,

Conforto dos migrantes,

℣. Consolátrix afflictórum, ℟. ora pro nobis.
Auxílium Christianórum,
Regína Angelórum,
Regína Patriarchárum,
Regína Prophetárum,
Regína Apostolórum,
Regína Mártyrum,
Regína Confessórum,
Regína Vírginum,
Regína Sanctórum ómnium,
Regína sine labe origináli concépta,
℣. Regína in caelum assúmpta,
℟. ora pro nobis.
Regína Sacratíssimi Rosárii,
Regína familiae,
Regína pacis,

℣. Agnus Dei, qui tollis
peccáta mundi,
℟. parce nobis, Dómine.
℣. Agnus Dei, qui tollis
peccáta mundi,
℟. exáudi nos, Dómine.
℣. Agnus Dei, qui tollis
peccáta mundi,

℣. Consoladora dos aflitos, ℟. rogai por nós.
Auxílio dos cristãos,
Rainha dos Anjos,
Rainha dos Patriarcas,
Rainha dos Profetas,
Rainha dos Apóstolos,
Rainha dos Mártires,
Rainha dos Confessores,
Rainha das Virgens,
Rainha de todos os Santos,
Rainha concebida sem pecado original,
℣. Rainha assunta aos céus,
℟. rogai por nós.
Rainha do Santíssimo Rosário,
Rainha da família,
Rainha da paz,

℣. Cordeiro de Deus, que tirais
os pecados do mundo,
℟. perdoai-nos, Senhor.
℣. Cordeiro de Deus, que tirais
os pecados do mundo,
℟. ouvi-nos, Senhor.
℣. Cordeiro de Deus, que tirais
os pecados do mundo,

℟. *miserére nobis.*

Sub tuum praesidium confúgimus, Sancta Dei Génitrix, nostras deprecatiónes ne despícias in necessitátibus, sed a perículis cunctis líbera nos semper, Virgo gloriosa et benedicta.

℣. *Ora pro nobis, Sancta Dei Génitrix.*
℟. *Ut digni efficiámur*
   promissiónibus Christi.

Oremus:
Gratiam tuam, quaésumus, Dómine, méntibus nostris infúnde: ut qui, Angelo nuntiante, Christi Filii tui incarnationem cognovimus, per Passiónem eius et Crucem ad Ressurrectiónis glóriam perducámur. Per eúndem Christum Dóminum nostrum. Amen.

℞. tende piedade de nós.

À Vossa proteção nos acolhemos, Santa Mãe de Deus, não desprezeis as súplicas que em nossas necessidades Vos dirigimos, mas livrai-nos sempre de todos os perigos, ó Virgem gloriosa e bendita.

℣. Rogai por nós, Santa Mãe de Deus.
℞. Para que sejamos dignos
   das promessas de Cristo.

Oremos:
Infundi, Senhor, nós Vos pedimos, em nossas almas a Vossa graça, para que nós, que conhecemos pela anunciação do Anjo a Encarnação de Jesus Cristo, Vosso Filho, cheguemos por sua Paixão e sua Cruz à glória da Ressurreição. Pelo mesmo Jesus Cristo, Senhor nosso. Amém.

Meu amigo: eu te descobri uma ponta do meu segredo. Cabe a ti, com a ajuda de Deus, descobrir o resto. Anima-te. Sê fiel.

Faz-te pequeno. O Senhor esconde-se dos soberbos e manifesta os tesouros da sua graça aos humildes.

Não tenhas receio se, ao meditares por tua conta, te escapam afetos e palavras audazes e pueris. Jesus quer isso mesmo. Maria te anima. Se rezares assim o Rosário, aprenderás a fazer boa oração.

APÊNDICE

Mistérios
Luminosos

NOTA INTRODUTÓRIA

O Santo Padre João Paulo II, na sua Carta Apostólica *Rosarium Virginis Mariae*, indicou que, pelo caráter cristológico desta devoção mariana, aos quinze mistérios tradicionais se acrescentassem cinco novos, aos quais chamou "mistérios luminosos".

Os comentários a estes mistérios não figuravam no livro Santo Rosário, escrito em 1931, mas São Josemaria, ao longo de toda a sua vida, contemplou-os e pregou-os com amor, como todas as passagens do Evangelho. Para facilitar aos leitores a meditação completa do Santo Rosário, foram tomados dos escritos do Fundador do Opus Dei alguns textos, dentre os muitos possíveis, que foram reunidos neste apêndice.

Seremos fiéis ao espírito do autor do Santo Rosário se, cada vez que rezarmos os mistérios gozosos, luminosos, dolorosos e gloriosos, nos unirmos às intenções do sucessor de Pedro, Bispo de Roma. *Omnes cum Petro ad Iesum per Mariam!*

Roma, 14 de fevereiro de 2003.

Javier Echevarría
Prelado do Opus Dei (1994-2016)

Batismo do Senhor

Então Jesus veio da Galileia ao Jordão, para ser batizado por João [...]. E uma voz dos céus disse: Este é o meu Filho, o amado, em quem pus as minhas complacências (Mt III, 13.17).

Pelo Batismo, o nosso Pai-Deus tomou posse das nossas vidas, incorporou-nos à vida de Cristo e enviou-nos o Espírito Santo.

A força e o poder de Deus iluminam a face da terra.

Faremos com que o mundo arda, nas chamas do fogo que vieste trazer à terra... E a luz da tua verdade, Jesus nosso, iluminará as inteligências, num dia sem fim.

Ouço-te clamar, meu Rei, com voz viva, que ainda vibra: *Ignem veni mittere in terram, et quid volo nisi ut accendatur?* – e respondo – todo eu – com os meus sentidos e as minhas potências: *Ecce ego: quia vocasti me!*

O Senhor pôs na tua alma um selo indelével, por meio do Batismo: és filho de Deus.

Menino: não ardes em desejos de fazer que todos O amem?

as Bodas de Caná

Entre tantos convidados de uma dessas ruidosas bodas do meio rural, a que compareçem pessoas de vários povoados, Maria percebe que falta vinho (cf. Ioh II, 3). Só Ela o percebe, e imediatamente. Como se nos revelam familiares as cenas da vida de Cristo! Porque a grandeza de Deus convive com o normal e o corrente. É próprio de uma mulher e de uma diligente dona de casa notar um descuido, prestar atenção a esses pequenos detalhes que tornam agradável a existência humana: e foi assim que Maria se comportou.

– Fazei o que Ele vos disser (Ioh II, 5).

Implete hydrias (Ioh II, 7), enchei as talhas, e o milagre vem. Assim, com essa simplicidade. Tudo normal. Aqueles cumpriam o seu ofício. A água estava ao alcance das mãos. E é a primeira manifestação da Divindade do Senhor. O mais vulgar converte-se em extraordinário, em sobrenatural, quando temos a boa vontade de atender ao que Deus nos pede.

Quero, Senhor, abandonar todos os meus cuidados nas tuas mãos generosas. A nossa Mãe – a tua Mãe! –, a estas horas, como em Caná, já fez soar aos teus ouvidos: – Não têm!...

Se a nossa fé for débil, recorramos a Maria. Conta São João que, devido ao milagre das bodas de Caná, que Cristo realizou a pedido de sua Mãe, os seus discípulos creram nEle (Ioh II, 11). A nossa Mãe intercede sempre diante do seu Filho para que nos atenda e se nos revele de tal modo que possamos confessar: Tu és o Filho de Deus.

Dá-me, ó Jesus, essa fé, que de verdade desejo! Minha Mãe e Senhora minha, Maria Santíssima, faz que eu creia!

O Anúncio do Reino

Cumpriu-se o tempo e o Reino de Deus está para chegar: convertei-vos e crede no Evangelho (Mc I, 15).

Toda a multidão ia até Ele, e Ele os ensinava (Mc II, 13).

Jesus vê aquelas barcas na margem e sobe numa delas [...]. Com que naturalidade se mete Jesus na barca de cada um de nós!

Quanto te aproximares do Senhor, pensa que Ele está muito perto de ti, em ti: *regnum Dei intra vos est* (Lc XVII, 21). Encontrá-lo-ás no teu coração.

Cristo deve reinar, acima de tudo, na nossa alma. Para que Ele reine em mim, preciso da sua graça em abundância: só assim é que até o último latejo do coração, até o último alento, até o olhar menos intenso, até a palavra mais intranscendente, até a sensação mais elementar se traduzirão num *hosanna* ao meu Cristo-Rei.

Duc in altum – Mar adentro! – Repele o pessimismo que te torna covarde. *Et laxate retia vestra in capturam* – e lança as redes para pescar.

Devemos confiar nessas palavras do Senhor, entrar na barca, empunhar os remos, içar as velas e lançar-nos a esse mar do mundo que Cristo nos entrega em herança.

Et regni ejus non erit finis. — O seu Reino não terá fim!

Não te dá alegria trabalhar por um reinado assim?

a Transfiguração

E transfigurou-se diante deles, de modo que o seu rosto se tornou resplandecente como o sol, e as suas vestes brancas como a luz (Mt XVI, 2).

Jesus: ver-Te, falar contigo! Permanecer assim, contemplando-Te, abismados na imensidade da tua formosura, e não cessar nunca, nunca, nessa contemplação! Oh, Cristo, quem Te pudesse ver! Quem Te pudesse ver, para ficar ferido de amor por Ti.

E uma voz vinda da nuvem disse: Este é o meu Filho, o Amado, em quem tenho as minhas complacências; escutai-o (Mt XVII, 5).

Senhor nosso, aqui nos tens dispostos a escutar tudo o que queiras dizer-nos. Fala-nos, estamos atentos à tua voz. Que as tuas palavras, caindo na nossa alma, abrasem a nossa vontade para que se lance fervorosamente a obedecer-Te.

Vultum tuum, Domine, requiram (Ps XXVI, 8), buscarei, Senhor, o teu rosto. Encanta-me fechar os olhos e pensar que chegará o momento, quando Deus quiser, em que poderei vê-lo, não como em um espelho, e sob imagens obscuras..., mas face a face (I Cor XIII, 12). Sim, o meu coração está sedento de Deus, do Deus vivo: quando irei e contemplarei a face de Deus? (Ps XLI, 3).

a Instituição da Eucaristia

Na véspera da festa da Páscoa, como Jesus sabia que havia chegado a sua hora de passar deste mundo para o Pai, tendo amado os seus que estavam no mundo, amou-os até o fim (Ioh XII, 1).

Caía a noite sobre o mundo, porque os velhos ritos, os antigos sinais da misericórdia infinita de Deus para com a humanidade se iam realizar plenamente, abrindo caminho a um verdadeiro amanhecer: a nova Páscoa. A Eucaristia foi instituída durante a noite, preparando de antemão a manhã da Ressurreição.

Jesus ficou na Eucaristia por amor..., por ti.

Ficou, sabendo como é que os homens O receberiam..., e como é que tu O recebes.

Ficou, para que O comas, para que O visites e Lhe contes as tuas coisas e, tratando-O com intimidade na oração junto do Sacrário e na recepção do Sacramento, te enamores mais de dia para dia, e faças que outras almas – muitas! – sigam o mesmo caminho.

Menino bom: os apaixonados desta terra, como beijam as flores, a carta, uma lembrança da pessoa que amam!...

E tu? Poderás esquecer-te alguma vez de que O tens sempre ao teu lado..., a Ele!? – Esquecerás... que O podes comer?

– Senhor, que eu não torne a voar colado à terra!, que esteja sempre iluminado pelos raios do divino Sol – Cristo – na Eucaristia!, que o meu voo não se interrompa enquanto não alcançar o descanso do teu Coração!

Fontes

Primeiro Mistério: *É Cristo que passa*, n. 128; *Apontamentos íntimos*, n. 1741; *Forja*, ns. 264, 300.

Segundo Mistério: *É Cristo que passa*, n. 141; *Carta 14-IX-1951*, n. 23; *Forja*, n. 807; *Amigos de Deus*, n. 285; *Forja*, n. 235.

Terceiro Mistério: *Notas da pregação oral*, 19-III-1960; 1-I-1973; *É Cristo que passa*, n. 181; *Caminho*, n. 792; *É Cristo que passa*, n. 159; *Caminho*, n. 906.

Quarto Mistério: *Notas da pregação oral*, 4-VI-1937; 25-VII-1937; 25-XII-1973.

Quinto Mistério: *É Cristo que passa*, n. 155; *Forja*, ns. 887, 305, 39.

ÍNDICE

O Autor	5
Notas a edições anteriores	15

MISTÉRIOS GOZOSOS

A Anunciação	21
Visitação de Nossa Senhora	25
Nascimento de Jesus	29
Purificação de Nossa Senhora	33
O Menino Perdido	37

MISTÉRIOS DOLOROSOS

Oração no Horto	43
Flagelação do Senhor	47
Coroação de Espinhos	51
A Cruz às Costas	55
Morte de Jesus	59

MISTÉRIOS GLORIOSOS

Ressurreição do Senhor	65
Ascensão do Senhor	69
Pentecostes	73
Assunção de Nossa Senhora	77
Coroação de Nossa Senhora	81

LADAINHA   85

Apêndice
Nota introdutória   99

MISTÉRIOS LUMINOSOS
    Batismo do Senhor   101
    As Bodas de Caná   105
    O Anúncio do Reino   109
    A Transfiguração   113
    A Instituição da Eucaristia   117

Direção geral
Renata Ferlin Sugai

Direção editorial
Hugo Langone

Produção editorial
Juliana Amato
Gabriela Haeitmann
Ronaldo Vasconcelos

Capa
Gabriela Haeitmann

Diagramação
Sérgio Ramalho

ESTE LIVRO ACABOU DE SE IMPRIMIR
A 27 DE NOVEMBRO DE 2023,
EM PAPEL PÓLEN BOLD 90 g/m^2.